Contraste insuffisant
NF Z 43-120-14

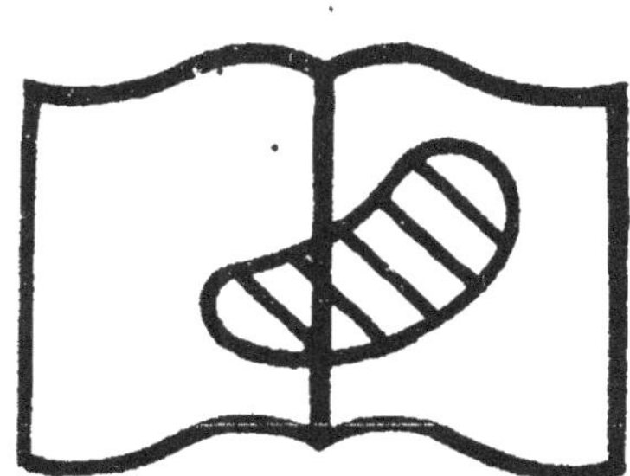

Illisibilité partielle

Valable pour tout ou partie
du document reproduit

Original en couleur

NF Z 43-120-8

LE RÈGLEMENT

DE

LA BOUCHERIE & DES BOUCHERS

DE JOIGNY

(1415-1440)

PAR

M. Eugène DROT.

Extrait du *Bulletin de la Société des Sciences historiques et naturelles de l'Yonne*, 2ᵐᵉ semestre 1902.

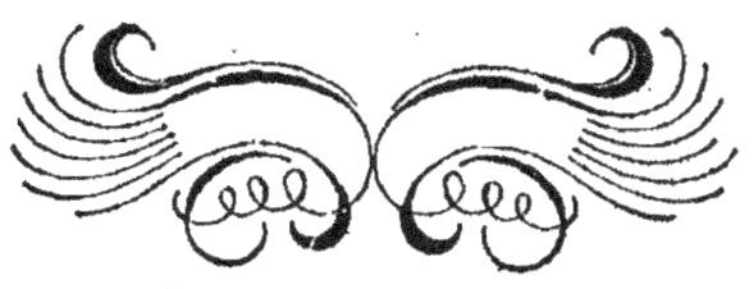

AUXERRE

TYPOGRAPHIE ET LITHOGRAPHIE Cʜ. MILON, RUE DE PARIS

1903

administration générale de la
Bibliothèque nationale

Hommage très respectueux
E. Drot

LE RÈGLEMENT DE LA BOUCHERIE

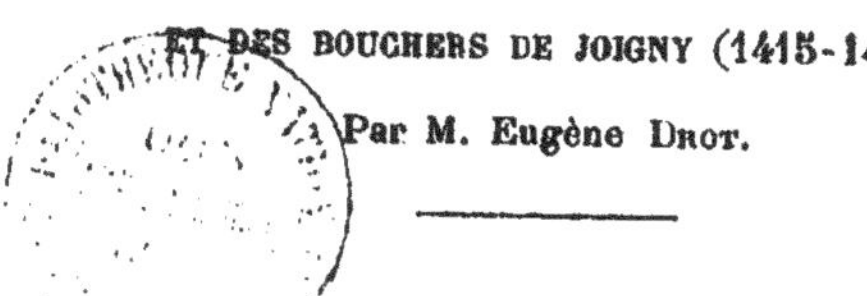

ET DES BOUCHERS DE JOIGNY (1415-1440)

Par M. Eugène DROT.

En 1440, le 23 avril, Louis Laplote, bailli de Joigny, promulguait, en la complétant, une ordonnance du comte, Louis de Noyers, sire d'Antigny, datée du 15 avril 1415 et portant règlement de la boucherie.

Aucun des nombreux écrivains qui se sont occupés particulièrement de l'histoire de Joigny et de ses seigneurs au moyen-âge (1), ne fait mention ni de cette corporation ni de son règlement.

Nous savons seulement qu'il existe encore à Joigny la rue de la Tuerie; que celle de l'Hôtel-de-Ville s'appelait en 1851 (2) la rue des Boucheries et que l'hôpital de cette ville y possédait neuf étaux (3).

(1) Davier, *Mémoires sur l'Histoire de Joigny et ses seigneurs*, 2 vol. (1728).

Pérille-Courcelle, Notice historique sur le comté et la ville de Joigny (*Annuaire de l'Yonne*, 1837).

L'abbé Carlier, Notice sur les comtes de Joigny (*Bull. Soc. Sc. Y.*, 1862).

Quantin, Histoire des établissements charitables et hospitaliers de la ville de Joigny (*Bull. Soc. Sc. Y.*, 1862).

L. Desmaisons, Notice historique sur le pont de Joigny (*Annuaire de l'Yonne*, 1863).

A. Challe, Histoire de la ville et du comté de Joigny (*Bull. Soc. Sc. Y.*, 1882).

(2) Dénombrement de 1851.

(3) Op. cit., Quantin, p. 50.

Sc. hist.

Bien que n'ayant trouvé trace nulle part du règlement qui fait l'objet de cette communication, nous sommes encore à nous demander s'il est réellement inedit, tant il semble étonnant qu'un document de cette importance, cependant cité à l'Inventaire départemental (E. 361, famille de Villeroy), soit passé inaperçu dans une région sur laquelle il a été produit un si grand nombre de travaux historiques que tous les dépôts d'archives locales ont été littéralement mis en coupe réglée (1).

Malheureusement sur ce sujet le document est unique et, qui pis est, en fort mauvais état. Ce qui ne l'empêche pas d'ailleurs d'être du plus haut intérêt non seulement au point de vue local, mais encore au point de vue général, car les prescriptions nombreuses et minutieuses qu'il contient ne se rencontrent même pas toutes dans la collection des ordonnances et statuts relatifs à la puissante corporation des bouchers de Paris.

M. de Lespinasse constate cette lacune. Dans son introduction du chapitre des marchands de vins, il s'exprime ainsi (2) : « Le « commerce de vins en gros exercé par de notables bourgeois, « échevins ou personnages d'une haute situation, voulait rester « indépendant du prévôt de Paris et comme les bouchers, il « semble s'être tenu à l'écart pour la présentation de ses règle- « ments ».

Cet auteur, au chapitre des bouchers, avait déjà dit (3) : « Les « statuts ne mentionnent que par hasard les vicissitudes subies « par la puissante communauté des bouchers; cependant la vie de « ce métier fut si mouvementée qu'elle se manifeste même dans la « sèche rédaction de ses règlements ».

Cette sécheresse de rédaction des règlements de Paris s'explique facilement. Les bouchers ne tenaient pas à fournir au prévôt des armes qui se retourneraient inévitablement contre eux. De son côté, le prévôt de Paris, dont les attributions étaient aussi multiples que délicates, ne devait pas non plus chercher à introduire de nouvelles clauses dans des règlements intérieurs dont le contrôle, au moins en partie, lui échappait déjà fatalement.

Du reste, sous ce rapport, il était garanti par les maîtres, jurés, etc., qui avaient pour mission d'assurer le fonctionnement de leurs corporations respectives et l'application de leurs règlements.

(1) Il s'en faut cependant que tous les sujets soient épuisés ou qu'il n'y ait plus à revenir sur ceux qui ont été traités.

(2) *Histoire générale de Paris*. — Les métiers et corporations de la ville de Paris, t. I, *Métiers de l'alimentation*, p. 669.

(3) Op. cit. de Lespinasse, t. I, p. 259.

En ce qui concernait les corps de métiers, c'était déjà pour lui une assez grosse besogne que de pourvoir à l'approvisionnement d'une ville qui prenait de jour en jour une extension considérable, sans cependant créer la disette dans les pays d'où les produits étaient tirés, d'assurer la police, la santé et la salubrité publiques, et d'éviter ou régler des conflits entre des corporations qui ne tendaient qu'à empiéter les unes sur les autres.

D'autre part, c'était un grand personnage qui ne pouvait connaître toutes les ruses employées par les membres des différentes corporations, et elles étaient nombreuses (1). Il se bornait donc à sanctionner ou à soumettre à la sanction royale les statuts et règlements tels qu'ils lui étaient présentés, en tenant compte toutefois des prescriptions des ordonnances antérieures. Il n'y a aucun doute à ce sujet. Le prévôt de Paris le reconnaît franchement dans les lettres qu'en mai 1270, il donne aux fabricants d'oublies dépendant de la communauté des pâtissiers : « Nous faisons à savoir « que par devant nous vindrent le commun des obliers, maistres « et vallez d'oubloierie de la ville de Paris, et recognurent qu'il « avoient fête ceste ordonnance de leur mestier... » (2).

D'autre part, M. Chéruel dit que « la royauté n'imposa pas les « statuts ; elle se borna à les fixer par un acte authentique et à en « surveiller l'exécution. Elle voulait simplement prévenir les « procès... » (3).

C'est seulement à la suite de plaintes que le prévôt intervient dans des questions d'intérieur. Nous en trouvons un exemple frappant dans son ordonnance du 17 août 1399 où, « pour raison « de plaintes à lui faites de ce que plusieurs fraudes et déceptions « estoient commises en icelle boucherie au préjudice du peuple, « et en ce que presque tout au long du jour ils avoient et tenoient « grandes foisons de chandelles allumées en chacun leurs estaux ; « parquoy souventes fois leurs chairs qui estoient moins loyalles « et marchandes, jaunes, corrompues et flestries, sembloient aux « acheteurs d'icelles très blanches et fraîches sous la lueur d'i- « celles chandelles ; » il leur défend d'avoir des chandelles allumées en la dite boucherie et sur leurs étaux, après 7 heures du matin, de Pâques à la Saint-Rémy (1er octobre) et après 8 heures de la Saint-Rémy au Carême (4).

(1) Rien que pour l'alimentation, M. de Lespinasse donne une nomenclature de 25 métiers (t. I).

(2) Op. cit. de Lespinasse, t. I, p. 369.

(3) *Dictionnaire des institutions, mœurs et coutumes de la France,* au mot Corporation.

(4) Delamarre, *Traité de la police,* t. I, p. 571.

En résumé, autant le prévôt de Paris apportait ses soins à l'approvisionnement, à l'hygiène et la police de la ville, autant il était impuissant à prévenir les fourberies des commerçants, fourberies que d'ailleurs il ignorait.

A Joigny, il n'en était plus de même. Les corporations y étaient rares; celle des bouchers était probablement la seule, au moins au xv° siècle.

Les officiers du comte, tout en s'inspirant des ordonnances relatives à la corporation bien connue des bouchers de Paris (1), rédigent eux-mêmes le règlement au lieu de se contenter d'homologuer celui qui a pu leur être présenté. Petits magistrats de province, fils de commerçants ou artisans de la veille, originaires de la région ou connaissant à fond les mœurs et coutumes de la petite ville où ils exercent, ils prennent toutes les précautions pour éviter les abus et les fraudes.

On pourra, du reste, en juger quelque peu par l'analyse que nous croyons devoir en faire.

La boucherie aura à sa tête un maître boucher et un lieutenant, élus par leurs confrères. Ils prêteront serment par devant le bailli de Joigny qui les investira du pouvoir nécessaire à l'accomplissement de leurs fonctions. En cas d'infraction, les peines infligées sont : la destruction de la viande par le feu, l'amende et la privation temporaire ou définive d'exercer dans le comté.

Le comte se réserve le droit de grâce ou de rémission.

Tous les jours, les maître et lieutenant bouchers devront visiter les viandes amenées à la boucherie ainsi que celles qui se trouvent au domicile des bouchers, et s'opposer à la vente de celles reconnues mauvaises.

Les bouchers ne pourront acheter des porcs qui auront été nourris chez des barbiers, des ladres (2) et des huiliers (3).

A première vue on comprend les raisons d'hygiène qui proscrivent l'achat chez les huiliers et les ladres; on les saisit moins dans la défense d'acheter chez les barbiers. Ni les ordonnances

---

(1) Les privilèges de cette corporation sont relatés dans une charte de Louis VII, datée de 1162. « C'est du reste le plus ancien texte connu de « statuts de communautés ouvrières ». (De Lespinasse, t. I, *Métiers de l'alimentation*, p. 259.)

(2) Nom vulgaire des lépreux au moyen-âge.

(3) La même défense avait été faite aux bouchers de Paris par lettres patentes d'août 1363; elle a été renouvelée par les statuts qui leur ont été donnés par Henri III en février 1587.

Op. cit., Delamarre, t. II, p. 1223, 1265. — De Lespinasse, t. I, p. 285.

citées par MM. Delamare et de Lespinasse, ni leurs commentaires ne les font connaître (1). Par le règlement de Joigny nous voyons que c'est « pour dobte quilz (les porcs) aient mangé du sang des personnes ».

Les bouchers ne pourront tuer ni vendre aucune bête qui ait le mal de saint, de goutte, de fil, de gros mal, de mal mort, de rage, de farcin, de glaire, de bosses (2). Cependant ils pourront livrer au commerce celles qui auront eu les jambes brisées, pourvu que l'accident ne remonte pas au-delà de 24 heures.

Les viandes « soupçonnées » ne pourront être vendues aux étaux jurés de la boucherie; mais elles pourront l'être au dehors.

Aux étaux il ne pourra être vendu suifs, graisses, tripes, etc., non mangeables. Toutefois, au cas où un étranger y en mettrait par inadvertance, s'il ose « jurer l'ignorance », il en sera cru sous serment pour la première fois.

Il est défendu de vendre de la viande tuée depuis plus de trois jours de Pâques à la mi-août, et depuis plus de quatre jours de la mi-août au Carême (3), à la condition toutefois qu'elle ne se soit pas gâtée dans ce délai. Si, durant ce temps, ou pour toute autre cause, elle s'est avariée, le premier boucher qui le remarquera devra en arrêter la vente et provoquer la visite du maître boucher.

Les bouchers devront écorcher leurs bêtes sans les souffler. Ils ne pourront y substituer la graisse provenant d'autres animaux et ne pourront attribuer à la femelle le signe du mâle (4).

---

(1) Par lettres du prévôt du 17 janvier 1496, il est également défendu aux charcutiers de Paris de faire commerce de viandes ayant cette origine (Lespinasse, t. I, p. 319). Puisqu'incidemment nous citons les charcutiers, disons en passant qu'antérieurement aux lettres patentes de Louis XII (18 juillet 1513) qui leur permirent d'acheter des porcs vivants, ils s'approvisionnaient à la boucherie qui seule avait le privilège de tuer « la grosse chair ». C'est avec raison que Delamare (t. I, p. 571) dit : « Les rôtisseurs et les chaircuitiers, selon l'étymologie de leurs noms, « n'en vendoient que de cuites; ceux-là celle de bœuf, de veau et de « mouton, et ceux-ci celle de porc. » D'où le nom *chaircuitiers*, plus logique que celui de *charcutiers*.

(2) Voir l'identification de ces maladies en bas de page du document.

(3) Les lettres royales du 30 janvier 1350 n'accordent aux bouchers de Paris qu'un jour et demi au plus en été, la viande ne devant pas être mise en vente le jour où elle est tuée. (Delamare, t. II, p. 1216. — De Lespinasse, t. I, p. 21).

(4) Un arrêt du Parlement du 12 décembre 1551 défend aux bouchers de Paris « la vente des chairs de vache et de brebis au lieu de bœuf et de mouton ». (Delamare, t. I, p. 572.)

Ils devront tuer en quantité suffisante pour satisfaire à toutes les demandes.

Toute la viande tuée devra être apportée à la boucherie avant huit heures du matin, par bêtes entières ou par quartiers, pour être visitée par les maitre et lieutenant bouchers et vue par la population tant au point de vue de la qualité qu'à celui de la quantité.

Cet article vise une manœuvre des bouchers. Ils sont accusés de n'apporter la viande à la boucherie que par petits morceaux, et successivement, tant pour en augmenter le prix sous prétexte de pénurie que pour écouler des viandes défectueuses, dont la « mauvaiseté » serait visible si la bête était entière ou en gros quartiers (1).

Il est interdit aux bouchers de vendre la viande fraiche, c'est-à-dire celle tuée du jour (2). Cependant, si elle faisait réellement défaut, cette permission pourrait être accordée exceptionnellement par le bailli.

Les bouchers ne devront acheter pour tuer aucune truie « qui ait volenté de ver » ni aucune vache « qui ait volenté de torel ». Si cependant il en était acheté par inadvertance, truie ou vache ne sera tuée qu'après avoir été présentée au mâle trois jours successifs ; si celui-ci « en fait semblant », il y aura cohabitation constante des mâle et femelle pendant cinq jours, puis un repos de neuf jours avant de livrer la femelle à la tuerie.

Il est interdit de tuer les femelles que les petits têtent encore, ni des veaux qui aient moins de quinze jours (3).

Aucune bête, qu'elle vienne de mettre bas ou qu'elle soit grasse, qui aura eu la morve depuis quarante jours, ne pourra être vendue à la boucherie avant que le boucher l'ait gardée chez lui « quinze jours bien buvant et bien màngant », et que le maître boucher l'ait vue boire et manger.

Les bouchères et tripières prêteront serment par devant le maitre boucher de ne vendre en la boucherie que des produits convenables.

(1) Cet article étant trop développé pour en donner une analyse complète, nous renvoyons le lecteur au document.

(2) Une sentence du Châtelet de Paris du 20 juillet 1559 fait semblable défense aux bouchers de Paris, mais sans restriction. (Delamare, t. I, p. 572.)

(3) Les statuts des bouchers de Paris, confirmés par lettres royales de juillet 1741, défendent la vente de veaux qui aient moins de six semaines ou deux mois. (De Lespinasse, t. I, p. 282.)

La viande de porcs « soupçonnés », de bouc et de chèvre ne pourra être vendue en la boucherie, mais seulement en dehors; les cochons et chevreaux de lait pourront s'y vendre.

Défense d'apporter en la boucherie la viande de bêtes ayant le « boyau culier ». S'il en était introduit elle appartiendrait moitié au comte et moitié aux « compagnons » de la boucherie pour leur salaire.

Aucune viande ne pourra être vendue en la boucherie si elle n'a été tuée pour le compte d'un boucher juré.

Les particuliers et taverniers pourront faire tuer à leur domicile — mais par des bouchers jurés seulement — des bêtes nourries par eux ou achetées en vue de réunions de famille, noces, funérailles, etc.

Interdiction aux taverniers de vendre des viandes achetées ailleurs qu'en la boucherie.

Défense aux bouchers de vendre de la viande à leur domicile et de tuer s'ils ne sont bouchers jurés.

Le boucher qui postulera pour entrer dans la corporation devra être capable. S'il est fils de boucher, il payera seulement comme droit d'entrée 5 s. t. au profit des compagnons de la boucherie; dans le cas contraire, il devra aux bouchers jurés un dîner dont le prix n'excédera pas 10 l. t.

L'article nous apprend, en outre, que cette somme a été fixée par le conseil du comte, informé que les candidats reculaient leur admission et même souvent se désistaient devant les exigences des bouchers jurés, et aussi « à celle fin que nostre ville « de Joigny puisse augmenter et acroistre de bochers et aultres « gens, et que chars de bocherie soient à meilleur marché » (1). Si l'on considère que dans la première moitié du xv° siècle, ces 10 l. t. représentaient 412 fr. de notre monnaie (2), on voudra bien convenir avec nous que si les officiers du comte se montraient un peu durs pour les bouchers, leur bienveillance pour les candidats n'avait rien d'exagéré. Cette décision, qui n'est en somme qu'une cote mal taillée, laisse entrevoir à quels grands frais les aspirants de la maîtrise étaient contraints auparavant. Il en était vraisemblablement de même partout et dans toutes les corporations.

Les présents à faire à l'occasion de la maîtrise de Paris étaient considérables. Ils sont exposés tout au long dans les

____

(1) Cette pensée de provoquer la concurrence au xv° siècle ne paraît pas banale.

(2) Leber, *Appréciation de la fortune privée au moyen-âge*. (Paris, 1847.)

lettres patentes de 1381 et forment les articles 27 à 39. M. de
Lespinasse les résume ainsi : « L'aspirant payait au roi une maille
« d'or ; puis il devait un septier de vin et quatre gâteaux au prévôt
« de Paris, au maître des bouchers, à sa femme, la maîtresse, au
« prévôt de Four-l'Évêque, au voyer, au cellerier et au concierge
« de la Cour du roi. Dans le courant de sa première année il four-
« nissait encore au prévôt de Paris 61 livres de viande et à chacun
« des autres personnages 30 livres et demie de même viande, de
« porc, de bœuf ou de mouton. Le jongleur de la salle des bou-
« chers chargé de porter ces cadeaux recevait deux deniers pour
« sa peine. De plus on devait pour les assemblées des jurés.... La
« pratique de ces cadeaux en exigeait vraisemblablement beau-
« coup d'autres qu'il était difficile de formuler dans des statuts
« approuvés par l'autorité publique » (1).

Ces explications données, revenons à l'analyse de notre règlement :

Pour éviter l'infection de la plus grande partie de la ville et la
corruption des eaux, les bouchers ne pourront tuer et préparer
leurs viandes qu'aux endroits suivants : dans la rue entre l'église
Saint-Thibault et la paroisse Saint-Jean, au-dessous du presbytère
de Saint-Thibault ; — à la poterne de Saint-Thibault ; — dans la
rue qui conduit de l'église Saint-Thibault à la rue Martin ; — dans
la partie de la rue Martin menant à la rivière ; — dans la rue aux
Tripiers (paroisse Saint-Jean) ; — dans la rue au-dessous du château ; — dans la paroisse Notre-Dame (depuis Saint-André) au-
dessous de la rue conduisant de la porte Gonthier-le-Bossu au
prieuré.

Le comte se réserve d'assigner, s'il y a lieu, des endroits plus
convenables.

Les bouchers seront tenus de jeter dans la rivière « le sang,
« fiens et entrailles » avant qu'ils soient corrompus.

Cette ordonnance, faite avec le consentement des bourgeois et
habitants de Joigny, annule toutes celles antérieures relatives à
la boucherie et qui lui seraient contraires. Elle enjoint au maître
boucher et à son lieutenant d'en jurer l'observation.

Après lecture et interrogations, les bouchers et taverniers font
le même serment, à la condition toutefois que les trois clauses
suivantes y soient ajoutées :

1º Que les bouchers, ni par eux, ni par facteurs, ne puissent
« s'entremettre du fait et mestier de tavernerie », et *vice versa* ;

(1) Op. cit., t. I, p. 260.

2° Que les bêtes soient bien écorchées et que les peaux ne soient pas endommagées par des coups de couteau maladroits. Au cas ou des « coustelleures » seraient apparentes, « que le « bocher perse et bote le cousteau tout oultre parmy la d. cous- « telleure, à celle fin que le pertuix y apparoisse clèrement et que « nul ny soit ou puisse estre déceu » ;

3° Que les peaux soient apportées à la boucherie pour être visitées par le maître boucher, et celles des vaches et bœufs vendues publiquement, à la pièce et non « en tasche », c'est-à-dire en bloc.

Ces trois articles sont admis et annexés à l'ordonnance.

Il est superflu d'ajouter que le résumé, cependant long, de ce curieux règlement a été fait le plus sommairement possible. Le lecteur devra donc recourir au document lui-même pour y trouver ces mille petits détails, que nos pères se plaisaient à exposer sous une forme aussi naïve que pittoresque.

Comme nous l'avons dit au commencement de cette note, ce règlement est le seul document connu sur cette intéressante question. C'est bien regrettable. Nous aurions aimé à suivre cette corporation jovinienne dans son fonctionnement, son développement ou sa chute, ses modifications, ses conflits, etc. Mais, hélas ! c'est surtout en histoire qu'il ne faut pas songer à faire quelque chose avec rien. Si, pour faire un civet, il faut *quelquefois* du lièvre, pour faire de l'histoire il faut *toujours* du document.

PUBLICATION DES RÈGLEMENTS DES BOUCHERS DE LA VILLE DE JOIGNY (1415)

PAR LE BAILLI DU COMTE.

(15 avril 1415 — 23 avril 1440)

A tous ceulx que ces présentes lettres verront. Loys Laplote, licencié en loys, bailli de Joygny, salut. Savoir faisons que aujourduy comparans personnellement par devant nous en jugement : Perrin Cortois, lieutenant du maistre bocher de la bocherie de Joygny, Robin Goys, Baudet Goys, Henry Chérot, Guichart Puisoye, Odin Loyseau et Jehan Renart, tous bochers jurez de la d. bocherie ; faisans et représentans la plus grande et seine partie des bochers dicelle bocherie, pour ce adjournez par devant nous à la requeste du procureur de Monseigneur le ·conte du d. Joigny ; lesquelx ont apportées et par eulx nous ont esté baillées et présentées les lettres des statuz et ordonnances sur le fait de leur d. mestier, que nous avons veues et visitées, et ycelles fait lire et publier judiciairement à haulte voix en leur présence, et aussy en la présence de

Jehan de Mons, Jehan Landry, Jehan Cherot, Garin Blesne, Colas Ferrant, taverniers demeurant au d. Joigny, et desquelles lettres dordonnances la teneur sensuit :

Ordonnances faites par nous Loys de Noyers, conte de Joigny et sires d'Antigny. Par le conseil, advis et délibéracion de nos bailly, conseillers, gens et officiers, et de la plus grande et seine partie des bourgois et habitants du d. Joigny, sur le fait de la police, régime et gouvernement de la bocherie du d. lieu, et des chars qui doresnavant seront vendues en la d. bocherie, pour oster éviter et eschever (1) les procez et esclandes qui en pourroient avenir et escheoir au peuple de nostre dite ville et conté et des fréquantans et passans par ycelle.

Premièrement avons ordonné et ordonnons que en la d. bocherie aura ung maistre bocher avec ung lieutenant dud. maistre bocher qui seront à ce jurez et commis par nostre bailly du dit Joigny ou son lieutenant, par lélection des autres bochers jurez de la d. bocherie ; lesquelx maistre bocher et son lieutenant visiteront bien et diligemment chacun jour toutes les chars qui seront apportées en la dite bocherie et qui seront trouvées ès maisons des bochers, et nen souffreront aucunes vendre si elles ne sont bonnes et convenables, et garderont et feront garder les points, termes et ordonnances cy après escryptes, et de ce feront bon et loyal serrement, et leur sera donné puissance de se faire par notre d. bailly ou son lieutenant.

Item les d. bochers ne pourront achecter porceaulx qui soient norris cheulx barbier, pour dobte quilz aient mangé du sang des personnes, ni cheux huillier, ni cheux ladre (2), à peinne de soixante sols tournoiz aamande pour la première fois et de quarente jours de privation du d. mestier et de cinq sols damande pour la seconde foiz.

Item ne tueront, ne vendront aucunes bestes grosses ne gresles qui soient entachées de mal de saint (3) de gotes (4) de filz (5), de gros mal (6), de mal mors (7), de rage, de farcin, de gleire, de bosses (8) de brisure de gembes ou aultres maladies corans, fors seulement de la d. brisure qui nauroit pas plus d'une nuit et d'un jour ; ne autre char quelxconques ne achecteront, ne vendront se elle nest bonne et convenable, sur peinne destre privé du d. mestier par an et par jour et la char estre arse (9), et sil y auchet, la seconde foiz il sera privé du d. mestier de bocher par an et par jour et encorra en cinq sols damande envers nostre

(1) Esquiver.

(2) Lépreux.

(3) Epilepsie. Mal caduc (La Curne).

(4) Goutte *Goute*, maladie autrefois attribuée à des *gouttes* d'une humeur viciée qui arrivaient aux articulations (La Curne).

(5. Fil, maladie des bœufs, espèce de ladrerie (Du Cange).

(6) Epilepsie, mal caduc. Maladie contagieuse connue aussi sous le nom de mal Saint-Jean. (La Curne. — Du Cange.)

(7) *Mal mort*, démangeaisons, gratille. (La Curne d'après Isigrave.)

(8) Apostume, tumeur, charbon pestilentiel. (Du Cange.)

(9) Brulée.

prevost la (deux mots illisibles), et pour la tierce fois il sera privé de vendre char compétante par toute nostre conté, reservé toutes voyes à nous et à nostre bailly sur chacun desd. points nostre grâce et rémission telle comme il nous plaira à luy faire.

Item sil advenoit que aucun des d. bochers jurez tuast aucune char souppeçonnée dont la vente ne peut estre scene, il ne la pourra vendre en la d. bocherie, mais la vendre dehors les estaulx jurez dicelle en signe quelle est souppeçonnée et luy en sera fait commandement par led. maistre ou son lieutenant, et sil en vend en la bocherie par dessus le commandement il encorra envers nostre prévost en soixante sols tournoiz damande.

Item lesd. bochers ne pourront ou devront mettre la main à cuirs ou peaulx de move (morve) sur peinne de cinq sols tournoiz damande, et aussy ne accompaigneront à leur marchandise de bocherie aucun sil nest bocher juré à peinne destre privé dicelluy mestier pour ung an.

Item ès estaulx de la d. bocherie aucun bocher ne aultres personnes ne pourront mestre ou tenir ou vente suif, oint pourry, cueurs, trippes ne aultres choses non mangeables, à peinne de cinq sols damande ; toutes voyes s'aucun estranger y en mectoit par inadvertance et il ose jurer lignorance, il en sera creuz par son serment, et se plus y euchet il l'amandera comme dessus.

Item aucun des d. bochers ne vendront en lad. bocherie, ne autre part, aucunes chars qui soient tuées du samedi plus avant du lundi, dès Pasques jusques à la miaoust, et dès la miaoust jusques à karesme prenant la char tuée du samedi pourront il vendre jusques au mardi ; toutesvoyes pourveu quelle ne soit point empirée, et sil advenoit que par mauvaise condicion ou autrement lad. char empirast par le temps dessus d. ou feust empirée ou temps précédent, ou que aucun desd. bochars vendist aucune char mauvaise feust (sic) que la mauvartée procédast par aucune des manières et points dessus d. ou autrement par quelque manière que ce soit, le premier bocher qui la verra sera tenuz de la prendre et y mectre la main et appeller le maistre bocher, son lieutenant ou aultres bochers pour la visiter ; et se elle est trouvée mauvaise, elle sera arse et le bocher privé pour ung an de vendre char, pour la première foiz, et pour la seconde et tierce foiz sera pugny et privé par la manière contenue au tiers article de ces présentes ordonnances.

Item les bochers de la d. bocherie escorcheront le veau, le beuf et le mouston sans souffler, paier (1) ni bober (2) dautre gresse que dicelles mesmes bestes et l'appareilleront de sa propre graisse sans autre, et ny pourront faire à femelle signe de masle pour décevoir le peuple, à peinne de confiscation dicelles chars ou cas quilz deffauldront en aucuns diceulx points.

---

(1) Sans doute l'ancienne forme du mot paltier. C'est bien le sens en effet.

(2) *Bobes*, tromperies, mensonges (La Curne). La suite de la phrase justifie clairement cette indentification.

Item les d. bochers seront tenuz de tuer chacun jour que l'on mangue chartant et sy suffisamment de char en lad. ville pour souegner les habitants dicelle, ensemble les trespassans et aultres qui y ont acoustume prendre char, quil ny ait point de faulte sur peine de cinq sols damande à applicquer à nostre prévost pour chacune foiz que deffault y aura, à paier chacun boucher qui n'en aura tué et appareillé pour ycelluy jour suffisamment.

Item pour ce que entendu avons que pour mectre charté eń la char de la bocherie et aussy afin que la mauvaistée, maléfice ou maladie de leur char ne soit pas sy tost congneue quant maladie ou maléfice y est, yceulx bochers apportent et font apporter de leurs hostelz en leur bocherie la char quilz ont tuée, beste après autre, quartier après autre, pièce après autre pour démontrer qu'il y a po (peu) de char à vendre et afin se mal y a quil ne soit pas sy tost apperceu par pièces et membres comme il seroit se toute y estoit, nous avons ordonné et ordonnons que chacun le jour dès le matin avant huit heures (courant?) midi, toute la char (mots effacés à l'original) des d. bochers aient tuée et appareillée soit apportée ès estaulx de la d. bocherie pour la veoir par le peuple et visitée par les d. maistre bocher et son lieutenant, et quelle soit apportée entière, se ce nest grosse beste que l'on ne puisse apporter entière, laquelle sera apportée par quartiers ou autres gros membres pour y mieulx appercevoir maléfice ṡil y estoit ; pareillement leur deffendons quilz ny vendent char chaude tuée de ce jour, se ce nestoit en grand deffault de char et par expres congé de nostre prevost ou de son lieutenant ou de nostre bailli ou de son lieutenant, à peinne sur chacun desd. points de cinq sols damande à applicquer aud. prévost.

Item lesd. bochers ne devront achetter aucune truyes pour tuer qui aient volenté de ver (1), ne vache qui ait volenté de torel. Et s'il avenoit que aucun deulx en achetast par inadvertance, la truye sera baillée au ver par trois jours, et se le ver en fait semblant, la truye sera cinq jours avec le ver, et après les cinq jours ne sera elle suffisant de tuer jusques après neuf jours ensuivant, et semblablement sera il fait de la vache ; et se le bocher le fait autrement la beste sera arse et le bocher qui laura tuée sera privez et pugniz comme dessus est dit au tiers article, tant pour la première foiz comme pour les deuxyesme et troisyesme se elles y escheent.

Item yceulx bochers ne devront tuer char aucunes qui aient faon (2) abuttant (3), ne aussy veau qui ait moins de quinze jours d'aage, et ou cas que lun deulx fera le cortraire, ycelle char sera arse et le bocher privé et pugny par la manière dessus déclarée.

Item la char qui sera tuée es villes denviron Joigny à autre jour que ues droictes festes de la ville ou elle aura esté tuée, ne devra point estre

---

(1) Verrat. Du Cange donne le mot *vers*.
(2) *Faon*, petit d'un animal (Du Cange, glossaire français).
(3) *Abuter*, régler, arrêter, mettre but à but (Du Cange, glossaire français).

vendue en la ville et bocherie de Joigny, et saucun bocher fait le contraire, la char sera arse et le bocher privé et pugny comme dessus.

Item beste qui vendru de veller ou groissée en laquelle corra ou aura coru move de bestes puis quarante jours, ne sera point vendue en lad. bocherie jusques à ce que led. bocher lait gardée en son hostel quinze jours bien buvant et bien mangant et que le maistre bocher lait veue boire et manger, et saucun bocher fait le contraire, il sera pugny et privé comme dessus et la chair arse.

Item les bochères et trippières feront serment en la main du maistre bocher ou son lieutenant de faire trippes nectes et que elles nen vendront aucunes se elles ne sont bonnes et suffisantes, et se sur leur estoul les trippes sont trouvées mauvaises elles lamenderont de cinq sols tournoiz à nostre prévost et seront les trippes arses.

Item porceaulx supçonez et grenez (1), ne char de boc ou de chièvre ne seront point venduz en lad. bocherie, mais seront venduz dehors ainsin quil appert clèrement de ce, à peinne de confiscacion dicelles chars et de cinq sols tournoiz damande ; toutesvoyes ilz pourront bien vendre cochons et chevreaulx de lait à leurs estaulx et yceux tuer et appareiller à leurs d. estaulx.

Item les bochers ne pourront apporter chars en la d. bocherie qui ait le boyau culier (2), et silz le font ils garderont la char et sera acquise moitié à nous et moitié aux bochers et compaignons de la bocherie pour leur salaire de le faire savoir à nos gens.

Item les d. bochers ne tueront aucunes chars pour la d. bocherie ne pour autres personnes se elles ne sont bonnes et dignes de manger, et nen tueront aucune pour vendre en lad. bocherie, se ce n'est pour bocher juré, et ne sera point soffert que autres tuent chars en lad. bocherie se ce ne sont les bochers jurez ; mais s'il advenoit que ungs hommes voloist donner à manger à aucuns de ses amis, ou pour son hostel souegner, ou pour nopces ou pour mortailles, ou se aucuns taverniers veulent vendre char (norrie) en leur maison et silz avoient aucune beste de leur norriture ou achat, les d. bochers seront tenuz de les aler appareiller en vacant? ou autrement et leur paiera on ungs salaire ; et aucuns taverniers ne pourront achecter char dehors la ville de Joigny pour la revandre en leur taverne se ilz ne lachectent en bocherie jurée et honnestement? ; les d. taverniers ne pourrout tuer char en leur d. hostel se ce nest par les d. bochers jurez ou aucuu deulx.

Item les d. bochers ne pourront vendre char en leurs hostelz ne autre part que en la d. bocherie jurée et és estaulx acoustumez danciennelé ; et aussy aucuns ne pourront tuer char au d. Joigny se il nest boché juré. Et se aucun veulle exercer pour estre bocher en lad. bocherie, se il

(1) Espèce de ladrerie. La maladie se reconnait à des granulations sous la langue. Aujourd'hui encore les charcutiers appellent les sujets qui en sont atteints des cochons ladres.

(2) Larousse au mot *culier* donne cette définition : « s'est dit du gros intestin qui vient abontir à l'anus, le *boyau culier* (vieux) ». Sans doute fistules, hémorroïdes, etc.

est filz de bocher il paiera cinq sols t. pour le vin des compaignons bo-chers, et se il nest filz de bocher il paiera ung disner aux bochers jures de lad. bocherie, lequel disner ne excédera pas la somme de dix livres t., et ainsy avons ordonné par grant déliheracion de conseil pour eschever les grands dommages, missions, excès et abuz que entendu avons que les bochers, de la d. bocherie en soloient faire à ceulx qui veloient deve-nir noveaulx bochers, dont plusieurs se retardoient et récusoient de estre bochers, et aussy à celle fin que nostre ville de Joigny puisse aug-menter et acroistre de bochers et aultres gens, et que chars de bocherie en soient à meilleur marché, et ne volons aucun estre receu ou d. mes-tier sil ny est suffisant et ydoine.

Item avons ordonné et ordonnons pour oster et eschever les punaisie, puanteur, infection et corruption deau en lad. ville et la gregneur (1) partie d'icelle, que les d. bochers ne pourront ou devront tuer ou appa-reiller chars en la d. ville fors seullement ès lieux et places qui sensui-vent, cest assavoir : ou bourg Saint Thibault en la rue estant entre léglise du d. Saint Thibault et le bourg Saint Jehan, au dessoubz de lostel du presbitaire du d. Saint Thibault ; item à .a poterne du d. bourg Saint Thibault ; item ès maisons, lieux et hostelz estans au dessoubz du chemin de la (illisible) par laquelle l'on va du moustier et esglise Saint Thibault en la rue Martin (2) ; item en la d. rue Martin au dessoubz du bot dicelle rue [par laquelle on descent] en la rivière d'Yonne ; item ou bourg Saint Jehan en la rue aux tripiers dès le puis de darrière lostel maistre Jehan (illisible) à la rivière, et aussy ou d. bourg Saint Jehan au dessoubz à la rue par ou lon descent de la maison Jehan La Melfas ? estant au dessoubz du d. chastel jusqu'à la rue du puis de la boueuse sans y comprendre la rue du puis berjeise, ni la rue da....t aussy ; item ou bourg nostre Dame (3) en toutes les places estant au dessoubz de la rue ; par ou lon va de]la pourte Gonthier] le Bossu (4) au prioré de Joigny.

Et seront tenuz les d. bochers faire oster et transporter hors de la closture de la d. ville, le sang, fiens et entrailles des bestes que ilz tueront, et yceulx gecter en l'Yonne avant que yceulx sang, fiens et entrailles soient empunaisez ni infects de corrupcion ; et se aucun des d. bochers font le contraire, ilz le amenderont à nostre prévost de Joigny, pour chacune fois quil y eucherra, de cinq solz t. damende. Toutesveyes nous réservons de ordonner en temps et en lieu deux certaines places plus convenables pour tuer et appareiller la char de lad. bocherie.

(1) La plus grande partie.

(2) Ruelle non dénommée au plan d'alignement de 1833. C'est celle qui relie la rue des Menuisiers à la rue Martin.

(3) Depuis paroisse André.

(4) D'après Davier, la porte de ce nom correspondait à la plate forme du château (Desmaisons — Notice historique sur le pont de Joigny, annuaire de l'Yonne 1863, p. 109.)

Voir en outre un plan de l'ancienne enceinte de Joigny, *Annuaire de l'Yonne*, 1860, p. 129. (Guide pittoresque de l'Yonne par MM. G. Cotteau et Victor Petit.— 14e voyage.)

Item nous avons révoqué, adnullé, révoquons et adnullons par ees présentes, du consentement de nos d. bourgois et habitans, toutes aultres ordonnances faites sur le fait de lad. bocherie précédant ces présentes, contraires ou diverses à cestes ; et ordonnons que chacun bocher de lad. bocherie, ensemble le d. maistre et son lieutenant jurront de tenir et garder ce que dit est, sans enfreindre, et volons ces présentes estre publiées ès cours de noz bailly et prévost de Joigny, et que le vidimus de ces présentes fait soubz le seel de nostre prévosté de Joigny vaille original.

En tesmoing de ce nous avons faits seeller ces lettres de nostre seel. Ce fut fait et donné en nostre chastel de Joigny. Présens appelles et consentans à ce : Jehan Jeubert, maistre des bochers de la d. bocherie, Jehan Durant son lieutenant, Jacques Jeubert, Regnault Frodier, Jehan Aignot, Jehan Larme et plusieurs aultres bochers dicelle bocherie, faisans et représentans la plus grant et seine partie des bochers dicelle bocherie, et par le conseil et du consentement de plusieurs des bourgois et habitans de la d. ville, le lundi après *Misericordia Domini* (1) quinziesme jour davril lan mil quatre cens et quinze. Nous approuvons ces mots en rasure (rature) : « souffler, et ne volons aucun estre receu ou d. mestier sil « ny est suffisant et ydoine »). Donné comme dessus. Ainsy signé : par Monsᵉ le conte : G. Leblanc.

Après la lecture desquelles lettres, yceulx bochers et taverniers sur ce par nous requis et interroguez nous ont rapporté, dit et affirmé par leur serment fait aux sains évangiles de Dieu que ycelles ordonnances estre et sont bien et raisonnablement faites par la manière contenue ès d. lettres cy dessus incorporées, et quilz ny sauroient et voloient aucune chose adjouster, acroistre ne diminuer, fors seulement sur trois points qui estoient et sont bons, prouffitables et nécessaires à mectre pour le bien, prouffit et utilité de la chose publique.

Le premier est que aucuns du mestier de la bocherie et exerçans ycelluy ne se puissent entremectre en quelque manière que ce soit du fait et mestier de tavernerie, et semblablement aucun tavernier faisant et exerçant le fait et mestier de tavernerie ne puisse faire, ne faire faire par luy ne par aultre le fait et mestier de bocher, et que ung chacun face, exerce et sentremecte de lun desd. mestiers seulement, sans ce quilz aient ou puissent avoir compagnie ne société les ungs avec les autres pour eulx autrement de faire et exercer les d. deux mestiers ensemble, ne quilz aient ou puissent avoir facteurs de par eulx pour ce faire.

Item le second est que quant les d. buchers escorcheront leurs bestes ils soient et seront tenuz ycelles escorcher bien et convenablement en telle manière quil ny ait ou apparoisse aucune coustelleure, et se coustelleure y apparoit que le bocher perse et bote le cousteau tout oultre parmy lad. coustelleure, à celle fin que le pertuix y apparoisse clèrement, et que nul ny soit ou puisse estre deffraudé ou desceu.

Et le tiers point est que yceux bochers apportent et soient tenuz ap-

(1) Deuxième dimanche après Pâques.

porter par chacun jour les cuirs des bestes quilz tueront pour la journée, pour yceulx veoir et visiter et les vendre publiquement en la d. bocherie afin d'aviser par le maistre bocher et autres qu'il appartient, les coustelleures, rasures et autres faultes qui y seront et pourront estre faites et commises, et avec ce yceulx cuirs vendre à la pièce sans ce quilz les vendent ou puissent vendre ne distribuer en tasche (1) à quelxconques personnes et pas quelxconques moyens que ce soit, excepté toutesvoyes les peaulx de veaux et moutons et autres geunes ? peaulx quilz pourront vendre et distribuer en tasche se bon leur semble.

Pourquoy nous, ycelles ordonnances, en la présence des dessus d. et de plusieurs autres notables personnes, bourgois, manans et habitans du d. Joigny et de leur consentement, avons ordonné et ordonnons par ces présentes estre doresenavant tenues, conservées et gardées de point en point toutes et chacune dicelles. Et pour ce que avons euz plusieurs plaintes et clameurs sur et alencontre daucuns grossiers (graissiers) qui sestoient entremis et entremectoient du fait de tous les d. deux mestiers de bochers et tavernier et les exerçoient ensemble par eulx, leurs serviteurs et facteurs, nous avons mis et mectons sur ce, règle et ordonnance.

Et en espécial en tant quil touche lesd. trois points darreniers cy dessus déclarez, lesquelx nous avons ordonné et ordonnons, commandez et commandons estre tenuz et gardez, sans enfraindre, par la manière cy dessus escripte, aux peinnes et amendes, pugnicions et correccions déclarées ou troisyesme article des ordonnances dont les lettres cy devant incorporées font mencion, et tout bien et loyalment sans enfraindre selon leur forme et teneur et comme cy devant est escript et déclaré.

En témoing de ce, nous avons seellé ces lettres du seel du d. bailliage. Ce fut fait et donné le jeudi après (illisible) vint et troisyesme jour davril après Pasques, ès assises du d. Joigny par nous illec tenuez, qui commencèrent le mercredi précèdent lan mil quatre cens et quarente.

(Signé) : MATIGNON, avec paraphe.

Archives de l'Yonne, E. 361. (Pièce parchemin en mauvais état).

(1) En bloc. Au mot *Tâche*, Du Cange dit : « Certaine quantité de cuirs, dix cuirs ensemble ».